Worte des Glaubens

Nachsinnen über das, was wirklich trägt

Roland Werner

FRANCKE

Bibliografische Information der Deutschen Bibliothek
Die Deutsche Bibliothek verzeichnet diese Publikation in der Deutschen Nationalbibliografie; detaillierte bibliografische Daten sind im Internet unter http://dnb.ddb.de abrufbar.

ISBN 978-3-86122-893-6

Die Texte sind in der Serie „ABC des Glaubens“
im Magazin NEUES LEBEN erschienen.

Satz und Gestaltung: Henri Oetjen, DesignStudio Lemgo
Printed in Slovakia

www.francke-buch.de

impressum

Worte des Glaubens

Unter dieser Überschrift lade ich Sie ein, sich ein paar Minuten Zeit zu nehmen und gemeinsam mit mir nachzudenken.

Vielleicht finden Sie eine ruhige Ecke, einen Sessel, auf den Sie sich setzen können, oder einen Stuhl und einen Tisch mit einer Tasse Kaffee oder Tee vor sich. Vielleicht haben Sie aber auch auf dem Weg zur Arbeit im Bus oder der Bahn ein paar Minuten Zeit, ein paar Seiten zu lesen.

Was trägt uns in unserem Leben? Worauf können wir uns wirklich verlassen? Was sind die Fundamente und Grundpfeiler unseres Glaubens?

In diesem kleinen Buch möchte ich Sie mit hineinnehmen in mein eigenes Nachdenken über solche Grundworte und Grundbegriffe der Bibel.

Es ist ein kleines „ABC des Glaubens". Sechsundzwanzig Buchstaben hat unser Alphabet. Sechsundzwanzig solcher Grundworte habe ich ausgewählt – vom „Anfang" bis zur „Zukunft", vom „Beten" über „Christsein" und „Dankbarkeit", über „Heiligkeit" und „Jesus", über „Kreuz" und „Liebe" bis hin zu „Versöhnung" und „Wunder".

Es ist keine ganz leichte Kost, das gebe ich gern zu. Man muss sich schon ein bisschen Zeit und Ruhe gönnen und jedes einzelne dieser Glaubensworte genau anschauen. Aber wer das tut, dem erschließt sich ein ungeahnter Reichtum.

Denn die Worte des Glaubens, die wir in der Bibel finden, sind nicht Schall und Rauch, wie unsere Worte es häufig sind. Sie sind verlässlich. Sie tragen wirklich. Der Grund dafür ist klar: Sie haben ihren Ursprung nicht in menschlicher Weisheit, die doch zeitbedingt und vergänglich ist. Sondern sie gründen in dem ewigen Wort Gottes.

Nachsinnen über das, was wirklich trägt ...

Bei Gott klaffen Wort und Tat nicht auseinander. Was er sagt, das tut er auch. Seine Wahrheit ist unveränderlich. Liebe ist kein bloßes Konzept, sondern wird ganz praktisch, anschaulich und erlebbar.

Deshalb tragen diese Worte des Glaubens auch wirklich. Dieses kleine Buch ist eine Einladung, dieser Tatsache nachzuspüren. Machen Sie mit?

Herzlich, Ihr

Roland Werner

„Hilf aus den Gedanken ins Leben hinein,
ganz ohne Wanken dein eigen zu sein.

Martin Kähler

Inhaltsverzeichnis

A Am Anfang: Gott

„Wie geht das eigentlich mit dem Glauben? Was muss man tun, um Christ zu sein?“ So oder ähnlich fragen viele. Diese Frage ist berechtigt und verständlich. Denn schließlich muss man doch wissen, wo man ansetzen sollte bei den ersten Schritten in den Glauben.

Ich freue mich über Menschen, die anfangen nachzufragen. Bei denen das Interesse aufwacht, mehr zu erfahren über den Glauben. Menschen, die wissen wollen, was sie tun sollen. Und die bereit sind, loszugehen und die Sache anzupacken. Das ist großartig. Leute, die einen Anfang setzen und den Weg des Glaubens gehen wollen.

Doch jetzt kommt etwas Spannendes. In der Bibel finden wir eine andere Reihenfolge. Da geht es nicht zuerst um den Menschen, darum, was wir tun oder nicht tun. Nicht unser Handeln, unser Denken oder unser Wollen ist das Entscheidende. In der Bibel wird uns gesagt, was wirklich an den Anfang gehört.

So fängt das erste Buch der Bibel an: „Am Anfang schuf Gott Himmel und Erde.“ Und genauso beginnt das Johannesevangelium, eine der vier Beschreibungen des Lebens von Jesus: „Am Anfang war das Wort, und das Wort war bei Gott, und Gott war das Wort.“

Am Anfang: Gott. Am Anfang nicht der Mensch, der Zufall, die Materie oder die Idee oder was auch immer. Am Anfang aller Dinge steht niemand sonst als Gott selbst.

Das zu verstehen, ist heilsam. Viel zu oft meinen wir, dass alles mit uns erst anfängt. Wir haben ein unrealistisches Bild von unserer eigenen Bedeutung. Wir halten uns für das Zentrum der Welt. Wir setzen unsere Meinung und unseren Erfahrungshorizont absolut und merken dabei gar nicht, wie begrenzt wir in Wirklichkeit sind.

Da ist es heilsam, die Reihenfolge wieder zu entdecken: Am Anfang steht Gott. Nicht irgendein Gott oder eine Idee von Gott, sondern der wahre Gott, der Schöpfer des Himmels und der Erde. Wer das erkennt und beginnt, Gott ernst zu nehmen, hat schon einen der ersten Schritte zum Glauben getan. Denn am Anfang von allem steht Gott.

B Beten hilft

Es ist doch erstaunlich: Untersuchungen haben ergeben, dass fast alle Menschen beten. Egal, ob religiös oder nicht – hier gibt es kaum Unterschiede. Spätestens dann, wenn es uns wirklich schlecht geht, schicken wir ein Gebet in Richtung Himmel. Ganz tief im Innern wissen oder ahnen die Menschen, dass es eine höhere Macht gibt. Das gilt für alle Völker und Kulturen. In vielen Religionen ist das Gesicht dieser „höheren Macht" jedoch zweischneidig. Man empfindet eher Furcht als Vertrauen und sucht nach Wegen, um sich vor dieser Macht zu schützen. Denn Gott ist der große Unbekannte, über den man wenig oder nichts weiß. Manche Menschen jedoch, vor allem in westlichen Ländern, glauben nur an ein unpersönliches Schicksal, eine Art kosmische Maschine oder abstraktes System und wenden sich deshalb an Mächte, die ihnen näher und ansprechbarer erscheinen: Geister, Kräfte, Engel, spirituelle Wesen. Gott selbst ist für sie zu weit entfernt, als dass sie sich direkt an ihn wenden könnten. So richten sie ihre Gebete und Wünsche an diese untergeordneten Mächte, in der Hoffnung, dass diese sie erhören und schützen können.

Mitten in dieses verwirrende Bild hinein trifft eine Aussage von Jesus, in der er erklärt, wie wirkliches Beten aussehen kann: „Bittet, so wird euch gegeben! Suchet, so werdet ihr finden! Klopft an, so wird euch aufgetan!" So grundlegend, so einfach wie die alltäglichen Vorgänge Bitten, Suchen, Anklopfen, so einfach und direkt kann das Gespräch mit Gott sein. Stimmt das? Die tieferliegende Frage ist, wie Gott ist. Davon hängt ab, wie wir beten können. Auch hier gibt Jesus eine klare Auskunft: „Wenn schon ihr euren Kindern gute Gaben gebt, wie viel mehr wird euer Vater im Himmel denen gute Gaben geben, die ihn darum bitten!"

Das ist der Schlüssel: Gott, der Allmächtige, der alles geschaffen hat, will sich uns als „unser Vater" zeigen. Wer Gott so kennen lernt, als den guten Vater, für den ist Gebet keine Pflichtübung mehr, sondern Ausdruck einer ganz persönlichen Beziehung. Diese Einladung wird am Anfang des Johannesevangeliums so ausgedrückt: „Allen, die Jesus aufnahmen, gab er das Recht, Gottes Kinder zu sein." Wer das erlebt, für den gibt es keinen Zweifel mehr: Beten hilft.

C Christ sein

Was bedeutet es eigentlich, Christ zu sein? Eigentlich eine einfache Frage, sollte man denken. Und doch herrschen an dieser Stelle viele Missverständnisse. Landläufig gilt die Gleichsetzung: Ein Christ ist ein guter Mensch, jemand, der sich nichts zuschulden kommen lässt. Andere denken: Christ ist, wer getauft und Mitglied einer Kirche ist. Wieder andere setzen Christ sein und sozialen Einsatz in eins: Ein Christ ist, wer sich für die Benachteiligten einsetzt.

Nun hat jede dieser Ansichten einen wahren Kern. Sicher sollte ein Christ sich um ein anständiges Leben bemühen. Natürlich sollte jeder Christ aktives Mitglied einer christlichen Gemeinde sein. Und selbstverständlich wird ein Christ sich – so wie Jesus es tat – besonders den Bedürftigen zuwenden. Das stimmt. Aber: Dies alles zu erfüllen macht noch niemanden zu einem Christen. Denn Christ sein ist keine Frage dessen, was ein Mensch tut, sondern zu wem er gehört. Das Wort „Christ" selbst sagt es sehr deutlich: Ein Christ ist jemand, der zu Jesus Christus gehört. Ein Christ ist einer, der sein Leben mit Christus verbunden hat.

Keiner ist automatisch ein Auto, nur weil er in einer Garage zur Welt kam. Genauso ist niemand automatisch Christ, weil er in einer christlichen Familie oder Umgebung geboren wurde. Christ sein braucht eine Entscheidung, die jeder ganz persönlich für sich treffen muss. Es ist die Entscheidung, sein Leben nicht in eigener Regie zu führen, sondern bewusst in der Beziehung zu Jesus Christus zu leben. Im Neuen Testament können wir lesen, wie die ersten Christen zu dieser Entscheidung kamen. Eines Tages begegneten sie Jesus, der sie ansprach und aufforderte, alles hinter sich zu lassen und ihm nachzufolgen. Simon und Andreas, Johannes und Jakobus, das waren die Namen dieser ersten Nachfolger von Jesus. Seitdem sind es unzählige Männer und Frauen aus allen Ländern und Kulturen, die bewusst als Christen leben. Sie alle sind Menschen, die den Ruf von Jesus gehört haben: „Komm und folge mir nach!" Und die auf dem Weg mit ihm echtes Leben gefunden haben. Christ sein ist also keine Frage der Religionszugehörigkeit, sondern der Lebensverankerung. Christen haben ihr Lebenszentrum in Jesus Christus. Eine großartige Chance und ein Angebot, das jedem gilt.

Provo
Coke

D Dankbarkeit einüben

Glauben an Gott ist nichts Theoretisches. Es ist kein gedankliches Experiment, sondern eine neue Art zu leben. Dabei verändert sich alles: Das Denken, das Fühlen, das Handeln. Die inneren Einstellungen ebenso wie die Taten. Diese völlige Umorientierung folgt zwangsläufig aus der Tatsache, dass ein neuer Faktor ins Leben gekommen ist. Dieser Faktor heißt Gott.

Mit Gott kommt Licht ins Leben hinein. Alles sieht anders aus, weil dieses Licht darauf scheint. Bevor ich ihn kennen lernte, war die Welt für mich ein Rätsel. Woher komme ich? Wohin gehe ich? Warum gibt es mich überhaupt? Warum existiert das, was ich um mich herum sehe – Bäume, Blumen, Steine, Tiere, Menschen, Sterne? Was ist der Sinn von allem? Wenn ich ein Produkt des Zufalls bin, kann ich nur dem Zufall danken für meine Existenz. Aber der Zufall hat kein Gesicht, keine Augen, mich zu sehen, keine Ohren, mich zu hören, keinen Mund, mit mir zu reden, kein Herz, um mich zu lieben.

Weil aber Gott der wahre Autor der Weltgeschichte ist, weiß ich auf einmal, wem ich danken kann. Wenn ich die Augen zum Himmel erhebe, starre ich nicht ins Leere. Nein, mein Blick wird erwidert. Noch besser und richtiger müsste man sagen: Ich schaue endlich zu meinem Schöpfer hoch, der mich, sein Geschöpf, schon immer voller Liebe und Anteilnahme anschaut. Und ich merke: Er ist kein ferner, uninteressierter, harter Gott. Sondern er ist der liebevolle Vater, den Jesus uns vor Augen gemalt hat und von dem auch schon die Verfasser des Alten Testaments, des ersten Teils der Bibel, berichteten. So beschreiben ihn die Psalmen: „Barmherzig und gnädig ist der Herr, geduldig und von großer Güte ... So wie sich ein Vater über seine Kinder erbarmt, so erbarmt sich der Herr über die, die ihn fürchten." (Psalm 103) Weil das so ist, ist Dankbarkeit unsere einzig angemessene Antwort. „Danket dem Herrn, denn er ist freundlich, und seine Güte währet ewiglich!" Wenn wir dieser Aufforderung nachkommen, mitten im Alltag, werden wir überstrahlt von einem Licht, das nie verlöscht. Am Morgen, am Mittag, am Abend, an jedem Tag und in jedem Jahr ist das ein Schlüssel zur Freude und ein Schlüssel zur Erfahrung Gottes: Dankbarkeit einüben.

Hinwendung zu Gott umfasst immer den ganzen Menschen.

Das Gefühl ist genauso beteiligt wie der Verstand. Kopf und Herz sind in gleicher Weise gefordert, wenn es darum geht, Gott zu begegnen.

Weil Gott als Schöpfer unermesslich größer ist als das Geschöpf und weil Gott nicht der Gott eines Teilbereichs ist, sondern alles in allem umfasst, kann es gar nicht anders sein, als dass wir alle unsere Sinne einsetzen müssen, um zu versuchen, ihn zu erfassen. Jesus hat diese Tatsache so ausgedrückt: „Du sollst Gott, deinen Herrn, lieben von ganzem Herzen, ganzer Seele, mit all deiner Kraft und deinem ganzen Verstand!" Gott begegnen schließt Denken, Fühlen, Wollen, Handeln und alles andere mit ein. Deshalb ist es wichtig, dass wir uns auf dem Weg zu Gott auch um gedankliche Erkenntnis Gottes bemühen. Verstand und Denken sind gefragt.

Dabei ist es ganz klar: Wenn ein sterblicher Mensch, der in Raum und Zeit eingebunden ist, den unsterblichen Gott erfassen will, so ist das von Anfang an ein Ding der Unmöglichkeit. Es ist so, als wollte ein Kind mit einem Plastikeimer den Ozean ausleeren. Selbst wenn alle Kinder und Erwachsenen dieser Welt gleichzeitig daran arbeiteten, würde es nicht gelingen.

So kommen wir zu einem Dilemma: Auf der einen Seite sollen wir uns um Erkenntnis Gottes bemühen. Auf der anderen Seite wissen wir, dass das nicht gelingen kann, jedenfalls nicht auf dem Weg menschlicher Anstrengung. Glücklich, wer überhaupt bis zu diesem Punkt der Erkenntnis vorstößt!

Hier aber kommt uns Gott zu Hilfe, wenn wir ihn darum bitten. Er hat einen Weg vorbereitet, auf dem wir ihn erkennen können. Es ist ein doppelter Weg. Erstens: Er lädt uns auf ein Lebensexperiment ein. Dieses Experiment ist der gelebte Glaube, das Vertrauen auf die Gegenwart Gottes im Alltag. Auf diesem Weg lernen wir Gott Stück für Stück besser kennen. Und zweitens: Gott sendet seinen Geist in unser Herz. Er selbst kommt uns nahe und erleuchtet uns, so dass wir ihn erkennen – in der Kraft und Wirklichkeit seines Geistes. Dass das geschieht, darum können wir ihn bitten.

F Frieden finden

Friede – dieses Wort steht ganz oben auf der Wunschliste vieler Menschen. Friedensgebete und Demonstrationen für den Frieden ziehen Tausende an. Wir sind bereit, uns für Frieden einzusetzen. Und doch scheint unsere Friedensfähigkeit nur begrenzt. Das zeigen die unzähligen kriegerischen Auseinandersetzungen, die allein in den letzten Jahrzehnten stattgefunden haben.

Dabei müssen wir nicht erst in die große Politik gehen, um zu merken, wie schwer das mit dem Frieden ist. Schon in den kleinsten Gemeinschaften, in Familien und Nachbarschaften, unter Freunden und am Arbeitsplatz ist es nicht leicht, Frieden zu halten. Die Unfähigkeit – oder auch Unwilligkeit – zum Frieden hat ihre Ursache im Inneren des Menschen und wirkt sich in allen Bereichen aus.

Die Bibel sagt, dass Gott ein „Gott des Friedens" ist (z. B. Römer 15,33; 1. Thessalonicher 5,23). Und darum sind bei ihm der Ursprung und die Quelle des Friedens zu finden. Wenn Gott uns nahe kommt, erfahren auch wir seinen Frieden. Er möchte uns im umfassenden Sinn mit seinem Frieden beschenken. Er lädt uns ein, „Frieden mit Gott" zu schließen. Die Grundlage dafür ist, dass Gott mit uns schon Frieden geschlossen hat, als Jesus Christus am Kreuz stellvertretend für uns starb. Er hat unsere Schuld auf sich genommen und die Kluft, die uns von Gott trennte, überbrückt. Gott hat die Feindschaft der Menschen, die nichts von ihm wissen wollten, überwunden und hat uns zu seinen Freunden gemacht. Wer das annimmt, kann nun zu ihm „Vater" sagen und gehört in seine Familie. Die Erfahrung, dass alles vergeben ist, erfüllt nun auch unser Herz mit dem Frieden Gottes. So ist dieser Friede nicht nur ein „objektiver Tatbestand", sondern kann zu einer persönlichen Erfahrung werden.

Wer Frieden mit Gott gefunden hat, kann auch lernen, mit anderen in Frieden zu leben. Gottes Frieden erfasst nun alle Bereiche des Lebens. So können wir wirklich Frieden finden, auch im Hinblick auf die eigene Lebensgeschichte.

G Glaube wagen

Was ist Glaube? Ist es ein vages Vermuten, ein Nicht-Genau-Wissen? Eine schwache Hoffnung, die sich auf Wünschen und Hörensagen gründet? Das biblische Verständnis von „Glauben“ ist etwas ganz anderes.

Um das zu verstehen, müssen wir in die biblischen Ursprachen schauen – Hebräisch für das Alte Testament, Griechisch für das Neue. Das hebräische Wort für Glauben bedeutet eigentlich „fest gründen, sich auf etwas stellen“. Glauben heißt also, sich auf eine Grundlage stellen, die fest steht. Nicht der Glaube muss fest sein, sondern das, worauf er gründet. Eine ähnliche Wortbedeutung finden wir im Griechischen, wo das Wort die Bedeutung „festmachen, anheften“ hat. Beim Glauben ist also nicht die Frage, wie stark oder überzeugt der Glaube selbst ist, sondern ob das, woran einer glaubt, glaubwürdig und verlässlich ist.

An Gott glauben heißt deshalb nicht, sich rein vom Kopf her vorzustellen, dass es einen Gott geben könnte, und Für und Wider dieser Ansicht abzuwägen. Sondern an Gott glauben umfasst den ganzen Menschen, sein Denken, Fühlen und Wollen. Und nicht zuletzt auch das, was er tut. Ein Bild kann das am besten verdeutlichen: Stellen wir uns vor, im Winter ist ein Teich zugefroren. Auf der Eisdecke sind viele unterwegs, laufen auf Schlittschuhen oder fahren mit dem Schlitten. Ein Mensch steht am Rand und fragt sich, ob das Eis wohl auch ihn halten wird. Die anderen winken ihm zu, ermutigen ihn, auch den Schritt auf die Eisdecke zu wagen. Er wird nur dann Gewissheit über die Frage bekommen, ob das Eis auch ihn trägt, wenn er es wagt, das sichere Ufer zu verlassen und sich auf das Eis zu begeben.

So ist es auch mit dem Glauben: Er ist die Antwort auf Gottes Zusage, dass er bei uns sein will. An Gott glauben heißt, sich ganz auf ihn zu verlassen. Ihn an die erste Stelle zu setzen und dann zu erleben, dass Gott nicht bloß ein Gedanke, eine Theorie oder vage Idee ist. Wer es wagt, Gott sein ganzes Leben anzuvertrauen, wird Wunder erleben.

H Gottes Heiligkeit

Welches Bild haben wir von Gott? Davon hängt viel ab. Für manche ist Gott nicht viel mehr als ein philosophischer Gedanke, eine interessante Denkmöglichkeit. Für andere existiert er zwar, ist aber weit entfernt und ohne echte Bedeutung für ihr alltägliches Leben. Manche sehen Gott als zahnlosen, lieben Opa mit veralteten Ansichten. Andere stellen sich Gott als „lieben Gott" vor, der niemals böse sein kein, der zu allem Ja und Amen sagt.

Nimmt man dazu noch die Gottesvorstellungen anderer Religionen, so wird deutlich, dass eine große Vielfalt und Beliebigkeit herrscht. Gibt es nur einen Gott oder vielleicht Tausende? Ist Gott erkennbar oder völlig unergründbar? Bei allen unterschiedlichen Vorstellungen wird klar: Was wir über Gott denken, prägt unser Verhalten ihm gegenüber. Und noch eins wird deutlich: Wir Menschen sind Experten darin, uns selbst „Bilder von Gott" zu schaffen, je nach unseren Vorlieben und Bedürfnissen. Und damit übertreten wir ständig das zweite Gebot: „Du sollst dir kein Bildnis noch irgendein Gleichnis machen. Bete sie nicht an und diene ihnen nicht!" (2. Mose 20,4-5)

Den menschlichen Vorstellungen von Gott, den unklaren Ahnungen und selbstgemachten Bildern stellt die Bibel entgegen: Gott ist heilig. Die Heiligkeit Gottes ist die grundlegende Tatsache, wenn wir über ihn nachdenken. Jetzt ist das Wort „heilig" in unserem Sprachgebrauch kaum noch zu finden. Was genau ist mit „Gottes Heiligkeit" gemeint? Der Prophet Jesaja hatte eine Schau, in der er Gottes Heiligkeit wahrnahm. Seine Reaktion: „Weh mir, ich vergehe!" (Jesaja 6,1ff)

Gott ist heilig, das heißt: Gott ist erschreckend anders, als wir uns je vorstellen können. Gott ist konkreter, wirklicher, als wir je gedacht haben. Er ist das Licht, wir sind bestenfalls die Schatten. Gott ist absolut gut und rein. Er ist pure Macht, pure Liebe, pure Autorität. Die Bibel gebraucht ein Bild dafür: „Vor seinem Angesicht flohen Erde und Himmel." (Offenbarung 20,11) Wenn ein Mensch auch nur den Anfang einer Ahnung davon bekommt, dass Gott heilig ist, ist er auf dem richtigen Weg zum Glauben. Denn: „Ehrfurcht vor Gott ist der Anfang der Weisheit." (Sprüche 9,10)

Zu Gott finden bedeutet auch, zu sich selbst zu finden. So herum ist die Aussage richtig. Denn Gott ist der Schöpfer unseres Lebens. Von ihm erhalten wir alles, was uns zu Menschen macht. Er ist der Ursprung unserer Identität.

Häufig wird jedoch heute diese Aussage umgedreht. Es wird gesagt: Wenn wir in uns selbst suchen, dann finden wir Gott. Doch das stimmt nicht, und zwar aus mehreren Gründen. Erstens: Gott ist Gott, und der Mensch ist ein Mensch. Gott ist der Schöpfer, wir seine Geschöpfe. Es besteht ein unendlicher Abstand zwischen dem ewigen Gott und uns in Zeit und Raum begrenzten Menschen.

Der zweite Grund ist ebenso bedeutsam: Gott ist heilig, unendlich weise und gut. Wir Menschen jedoch sind, so sagt es die Bibel, gekennzeichnet von Sünde. Anders ausgedrückt: Wir sind von Gott abgefallen, haben uns von ihm abgewendet. So finden wir bei uns selbst beides: Auf der einen Seite als Geschöpfe Gottes ein Stück von ihm, das die Bibel als „Gottesebenbildlichkeit“ beschreibt. Und auf der anderen Seite genau das Gegenteil, nämlich die Zerstörung dieser Wirklichkeit.

Das hat direkte Auswirkungen auf unsere Identität, also auf die Frage, wer wir eigentlich sind. Wir haben eine Ahnung davon, woher wir kommen. Die Bibel sagt, dass Gott die „Ewigkeit in unsere Herzen“ gelegt hat. (Prediger 3,11) Auf der anderen Seite ist diese aus Gott stammende Identität in uns entstellt, stattdessen „ist das Dichten und Trachten des Menschen böse immerdar“. (1. Mose 6,5) Diese Spannung beschreibt die Identität von uns Menschen ohne Gott.

Doch ist das nicht das Ende. Durch die Erlösung, die Jesus Christus in diese Welt gebracht hat, können wir zu neuen Menschen werden. „Ist jemand in Christus, so ist er eine neue Schöpfung, das Alte ist vergangen, siehe, Neues hat begonnen.“ (2. Korinther 5,17) Wir können unsere wahre Identität wieder entdecken, wenn wir durch Jesus Christus neu zu Gott finden. Der Kirchenvater Augustinus hatte selbst durch die Begegnung mit ihm eine völlige Lebenserneuerung erfahren. In seinem Buch „Bekenntnisse“ drückt er es so aus: „Zu dir hin, Gott, hast du uns erschaffen, und unruhig ist unser Herz, bis es Ruhe findet in Dir.“

J Jesus von Nazareth

Es gäbe keinen christlichen Glauben und keine Kirche ohne ihn – Jesus Christus. Das Abendland hätte ein völlig anderes Gesicht, ja die gesamte Weltgeschichte und Weltkultur seit 2000 Jahren sähe anders aus, hätte es Jesus nicht gegeben. Er ist die zentrale Figur. Über keine andere Person sind so viele Bücher geschrieben worden wie über Jesus, kein anderer ist der Gegenstand so vieler Kunstwerke, Gemälde, Gedichte, Hymnen und Lieder wie Jesus. Das Buch, das von ihm berichtet, das Neue Testament, ist in mehr Sprachen übersetzt worden als jedes andere Buch und in milliardenfachen Auflagen verbreitet worden. Dabei schien nur wenig darauf hinzuweisen, dass dieser Mann aus dem Dorf Nazareth in Galiläa solch eine Bedeutung erlangen würde. Er lebte in einem eher unbedeutenden Gebiet am Rande des römischen Reiches, er hatte keine Finanzmittel, kein Heer, keinen Staatsapparat oder ähnliches zur Verfügung. Sein öffentliches Wirken dauerte höchstens drei Jahre. Wie ist die erstaunliche Wirkung dieses Menschen zu erklären?

Die Evangelien, die das Leben von Jesus beschreiben, zeichnen in ihrer präzisen Knappheit und Konzentration auf das Wesentliche das Bild eines wahrhaft außergewöhnlichen Menschen, der eine ungeheure Wirkung auf alle hatte, die ihm begegneten. Nicht nur die erstaunlichen Heilungen, die durch ihn geschahen, erregten Aufsehen. Und es waren auch nicht nur die wunderbaren Geschichten, die er erzählte, Geschichten, die wie Fenster in den Himmel waren.

Es war Jesus selbst, der die Menschen anzog. Die Kinder liefen auf ihn zu und ließen sich von ihm umarmen und segnen. Wer Jesus in die Augen schaute, entdeckte plötzlich sein eigenes Herz. Vor Jesus musste jeder Antwort geben, Antwort auf die Frage von Wahrheit und Lüge, von Recht und Unrecht, von Gott gehorsam sein oder gegen ihn aufbegehren. Kein Wunder, dass manche sich gegen Jesus wandten. Wider besseres Wissen verschlossen sie sich gegen ihn und suchten nach Wegen, ihn aus dem Weg zu räumen. So wurde Jesus schließlich gefangen genommen und wie ein gemeiner Verbrecher ans Kreuz genagelt. Wäre das das Ende der Geschichte von Jesus, wäre er heute sicherlich längst vergessen. Doch der Tod konnte Jesus nicht halten. Wer mehr wissen will, sollte unbedingt die Evangelien lesen und den Kontakt suchen – zum lebendigen Jesus.

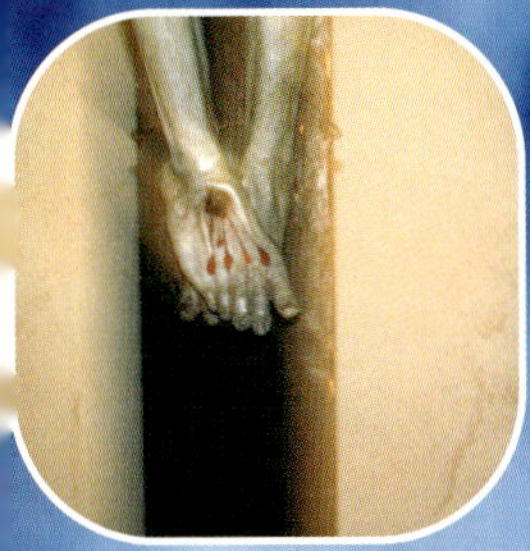

„Über keine andere Person sind so viele Bücher geschrieben worden wie über Jesus, kein anderer ist der Gegenstand so vieler Kunstwerke, Gemälde, Gedichte, Hymnen und Lieder wie Jesus.

K Das Kreuz

Das Zeichen hat die Welt geprägt. Auf Kirchtürmen, auf Krankenhäusern, als Kettenanhänger, auf Friedhöfen und in Schulen: Überall begegnen wir dem Kreuz. Vage wissen viele noch, dass es etwas mit dem christlichen Glauben zu tun hat. Es stimmt: Seit den ersten Jahrhunderten ist es ein Erkennungszeichen der Christen. Doch was verbirgt sich hinter diesem Symbol? Und was bedeutet es? Das Kreuz. Zwei Balken, zusammengezimmert, daran ein sterbender Körper. Der da stirbt, ist Jesus, der Mann aus Nazareth. Seine Anhänger glaubten an ihn als Messias, als Retter und Erlöser. Seine Feinde sahen in ihm den Aufrührer und Gotteslästerer. So beschlossen sie, ihn zu beseitigen. Jesus wehrte sich nicht, als er verraten und in die Hände der jüdischen Führer und römischen Besatzer ausgeliefert wurde. Er versuchte nicht auszuweichen. Auf einem kleinen Hügel außerhalb der Stadt wird er an den Balken angenagelt. Noch im Sterben betet er für die, die ihn umbringen: „Vater, vergib ihnen, denn sie wissen nicht, was sie tun!"

Ist das nur ein heroischer Tod? Ist dieses ungerechte Urteil und diese grausame Hinrichtung nur ein weiteres furchtbares und sinnloses Ereignis in der Weltgeschichte? Die Evangelien, die das Leben von Jesus darstellen, berichten ausführlich über sein Sterben. Für sie ist es das Zentrum. Denn hier besiegelt Jesus das, was er gesagt und gelebt hat. Er selbst erklärte, warum er ans Kreuz gehen musste – und wollte: „Ich bin nicht gekommen, um mir dienen zu lassen, sondern mein Leben zu geben als Lösegeld für die Vielen." (Markus 10,45) Sein Tod am Kreuz war der Wendepunkt der Weltgeschichte. Denn die Frage ist nicht: Wie war sein Sterben – wie furchtbar, grausam und ungerecht? Sondern die tiefere Frage lautet: Wer ist es, der hier stirbt? Die Bibel gibt die Antwort: Es ist Gott selbst, der Schöpfer, der in Jesus Mensch wurde und die Schuld der gesamten Menschheit auf sich lud. Er ist es, der am Kreuz hingerichtet wurde und stellvertretend für alle starb. Jesus ist das Opferlamm, das die Sünden der Welt hinwegträgt. So sagte es Johannes der Täufer in der Bildersprache der Bibel.

So ist das Kreuz zu Recht Zentrum des Christentums. Denn hier dreht Gott alles um: Die Sünde wird vergeben. Der Tod wird besiegt. Das Symbol des Todes wird zum unauslöschlichen Pluszeichen des Lebens.

L Liebe

„Gott ist Liebe, und wer in der Liebe bleibt, der bleibt in Gott und Gott in ihm." (1. Johannesbrief 4,10)

Diese Aussage aus dem Neuen Testament ist wie ein Fenster in einen erleuchteten Saal. So zeigt sich Gott denen, die ihn suchen.

Gott ist Liebe – diese Aussage ist einzigartig in der Welt der Religionen. Sie gehen häufig von einer Vielzahl von Göttern aus, die zueinander im Widerstreit stehen. Und wenn eine Religion wie der Islam, dessen Gründer Mohammed starke Anleihen bei den Juden und Christen gemacht hat, einen einzigen Gott verkündigen will, ist dieser häufig starr, unbeweglich und unnahbar. Oder er ist blutleer und gesichtslos, wie der Gott der Philosophen, eher eine Idee als ein lebendiger Schöpfer und Gestalter.

„Gott ist Liebe", das ist ganz revolutionär. Denn daran muss sich jede Gottesvorstellung, aber auch unser ganz praktisches Leben messen lassen. Gott ist Liebe, und diese Liebe zeigt sich immer wieder: in unzähligen Wohltaten Gottes, und vor allem im Leben und Sterben von Jesus Christus. Am Kreuz offenbart sich die Liebe Gottes in ihrer ganzen Selbsthingabe: „So sehr hat Gott die Welt geliebt, dass er seinen einzigen Sohn hingab ..." (Johannesevangelium 3,16)

Die Liebe Gottes ist kein leerer Gedanke, sondern gibt sich selbst hin für uns Menschen, die wir ohne diese Liebe ins Nichts laufen würden. Deshalb ist das Kreuz das Wahrzeichen des Christentums: Gott, der sich selbst opfert für eine gottlose Welt. Seit dem Kreuz hat Liebe eine Gestalt, die von Jesus von Nazareth.

Und deshalb stimmt auch der Umkehrsatz nicht: Liebe ist Gott. Nein, Gott ist viel mehr als Liebe, er ist auch Allmacht, Allwissenheit, Heiligkeit, Reinheit, Autorität und ... Worte reichen nicht aus, um Gott zu beschreiben. Und er lässt sich nicht hineinpressen in unsere Vorstellungen, auch nicht unsere Vorstellungen von Liebe.

Aber er öffnet uns sein Herz. Und wenn wir es sehen, werden wir verändert. Seine unendliche Liebe entzündet uns zur Liebe. Unser Leben wird hell, erfüllt von Liebe, die Hoffnung und Vertrauen, Friede, Geduld, Gelassenheit und Freundlichkeit gleich mit sich bringt. Martin Luther hat einmal gesagt: „Gott ist ein glühender Backofen voller Liebe." Wer ihm begegnet, kann nicht kalt und gleichgültig bleiben.

Die Liebe Gottes ist kein leerer Gedanke, sondern gibt sich selbst hin für uns Menschen, die wir ohne diese Liebe ins Nichts laufen würden.

Open Faced

M Der einzige Mittler

Wir können uns nicht selbst erlösen. Wir Menschen können zwar viel. Aber in Sachen Gott sind wir ganz hilflos. Wir können nicht aus eigener Kraft, Frömmigkeit oder Wissen die Kluft überbrücken, die uns von Gott trennt. Wir sind in Sachen Gott auf Hilfe angewiesen. Wir schaffen es nicht allein. Das ist eine ganz bittere Pille, die zu schlucken uns überhaupt nicht gefällt.

Denn: Keiner lässt sich gern sagen, dass er etwas nicht kann. Wir möchten gern alles in der Hand haben. Doch spätestens an dieser Stelle versagen wir. Wir können nicht aus uns selbst heraus zu Gott kommen. Dies ist eine ganz zentrale Wahrheit des christlichen Glaubens. Hier unterscheidet sich die Botschaft der Bibel grundlegend von allen Philosophien, die den Menschen selbst in den Mittelpunkt setzen. Wir brauchen Hilfe. Hilfe in Sachen Gott, in Sachen Himmel, in Sachen neues Leben. Spätestens hier sind wir am Ende unserer eigenen Möglichkeiten. Aus uns selbst heraus können wir weder Gott erkennen noch ihm gefallen.

Wenn wir den Mut aufbringen, unser Leben ehrlich anzuschauen, merken wir, dass wir in Wirklichkeit nicht nur hier, sondern auch bei unzähligen anderen Dingen auf Hilfe angewiesen sind. Der norddeutsche Dichter Matthias Claudius hat das klassisch ausgedrückt: *„Wir stolzen Menschenkinder sind eitel arme Sünder und wissen gar nicht viel. Wir spinnen Luftgespinste und suchen viele Künste und kommen weiter von dem Ziel!"*

Doch genau darum geht es: Das Ziel zu erreichen. Das Ziel unseres Lebens findet seine Vollendung nur in Gott. Nur wenn die unterbrochene Verbindung zu ihm, unserem Ursprung, wieder geheilt ist, können wir das wirkliche Leben ergreifen. Der Kirchenvater Augustinus hat dies so ausgedrückt: *„Zu dir hin hast du uns erschaffen, und unruhig ist unser Herz, bis es Ruhe findet in dir!"*

Die gute Nachricht der Bibel ist, dass die Kluft schon längst überbrückt worden ist. Gott hat sich auf den Weg zu uns gemacht. Er selbst ist die Brücke geworden, indem er Mensch wurde.

Jesus Christus ist, so drückt es das Glaubensbekenntnis aus, zugleich wahrer Mensch und wahrer Gott. Er selbst überbrückt die Kluft. So ist er der Mittler, der, im Bild gesprochen, am Kreuz mit seinen ausgebreiteten Armen Himmel und Erde zusammenbringt: *„Denn es ist EIN Gott und EIN Mittler zwischen Gott und den Menschen, nämlich der Mensch Christus Jesus, der sich selbst gegeben hat für alle zur Erlösung."* (1. Timotheus 2,5-6)

„Wir brauchen Hilfe. Hilfe in Sachen Gott, in Sachen Himmel, in Sachen neues Leben. Spätestens hier sind wir am Ende unserer eigenen Möglichkeiten.

N Neuschöpfung

Wenn ein Mensch zum Glauben an Christus findet, bedeutet das mehr als nur die Änderung seiner Einstellung zum Leben und seines Denkens über Gott und die Welt. Das an sich wäre schon eine großartige Sache. Ein Mensch findet eine neue Lebensmitte und eine Hoffnung, die über dieses Leben hinausreicht. Er beginnt neu zu denken und zu handeln. Für ihn ist Gott nicht mehr eine theoretische Größe, sondern wird zu einer lebendigen Erfahrung. Sein Horizont weitet sich, und er versteht, dass Gott Wirklichkeit ist. Wenn ein Mensch zum Glauben findet, kommt eine neue Kraft in sein Leben hinein.

Und doch ist das noch nicht alles. Etwas ganz Neues bricht sich Bahn. In der Bibel finden wir zwei starke Bilder, die das ausdrücken.

Jesus sagte einem Gottsucher: „Es sei denn, dass jemand von neuem geboren werde, so kann er das Reich Gottes nicht sehen!" (Johannes 3,2) Das bedeutet: Ein Mensch, der zum Glauben kommt, ist wie ein gerade neu geborenes Baby.

Das zweite Bild ist ebenso eindrücklich. Es ist das Bild der Schöpfung: „Ist jemand in Christus, so ist er eine neue Schöpfung. Das Alte ist vergangen, siehe, etwas ganz Neues ist geworden." (2. Korinther 5,17)

Christsein ist nicht einfach die religiöse Überhöhung des normalen Lebens. Der Glaube ist nicht ein Sahnehäubchen auf dem ansonsten unveränderten Kuchen unserer Existenz. Sondern: Wenn jemand zum Glauben kommt, bedeutet das einen wirklichen Neuanfang. Es gibt einen unübersehbaren Einschnitt.

Und noch eine zweite Wahrheit betonen die Bilder von der Geburt und der Schöpfung. Christwerden ist ein Geschenk. Keiner kann sich selbst gebären. Er wird geboren. Keiner kann sich selbst erschaffen. Wir finden uns vielmehr als Geschöpfe vor. Es ist Gott allein, der in unser Leben eingreift und uns erneuert. Das kann uns gewiss machen. Denn der Grund unseres Lebens mit Christus liegt nicht in uns selbst, sondern in Gott. Unser neues Leben in Christus hat seine Wurzeln nicht in uns selbst, sondern wurzelt vielmehr in der neuen Wirklichkeit Gottes, die unzerstörbar ist.

Opfer

Opfer zu bringen ist nicht beliebt. Es ist nicht angenehm, sich von etwas zu trennen, etwas aufzugeben. Und doch wissen wir, dass wir bestimmte Ziele nur dann erreichen können, wenn wir bereit sind, dafür etwas anderes zu opfern. So ist der Gedanke des Opferns, des Loslassens und Aufgebens tief in unserem Bewusstsein verankert.

Noch deutlicher sehen wir es in den Religionen der Welt: Fast überall findet sich der Versuch, durch die Darbringung von Opfern etwas zu erreichen. Menschen opfern ihrer Gottheit, sie bringen Früchte oder schlachten ein Tier, in der Hoffnung, so das Wohlgefallen der Götter zu erlangen oder auch Vergebung der Sünden zu bekommen.

Hier ist – tief in der Seele der Menschheit rund um den Erdball – eine Erinnerung erhalten, dass es einen Riss in der Wirklichkeit gibt, einen Riss in der Gottesbeziehung, der überwunden werden muss.

Auch im Alten Testament werden Opfer dargebracht. Im Gesetz werden diese Opfergebräuche geordnet. Es gibt Dankopfer und Lobopfer, aber auch das große Opfer zur Sündenvergebung am Tag der Versöhnung. So wird im alten Israel der Brauch der Völker, Opfer zu bringen, aufgenommen. Doch anders als sonst üblich werden diese Opfer nicht den Ahnen, den vielen verschiedenen Göttern oder auch den bösen Geistern dargebracht. Weil alles Leben nur von Gott kommt, weil er allein der Schöpfer und wahre Herrscher ist, stehen nur ihm diese Opfer zu. Indem das Volk Gottes sie darbringt, erkennt es die Herrschaft Gottes an und zeigt, dass es sich ganz und gar von ihm abhängig weiß.

Doch schon im Alten Testament wird deutlich, dass die Opfer nur etwas Vorläufiges sind. Sie dienen dem Zweck, das Volk ganz auf Gott allein auszurichten. Doch dann zeigt Gott, dass es ihm um etwas ganz anderes geht als um diesen doch im Äußerlichen bleibenden Opfergottesdienst. So sagt der Prophet Jesaja im Auftrag Gottes. *„Was soll mir die Menge eurer Opfer?, spricht der HERR. Ich habe kein Gefallen am Blut der Stiere, der Lämmer und Böcke ... Lasst ab vom Bösen! Lernet Gutes tun, trachtet nach Recht, helft den Unterdrückten, schaffet den Waisen Recht, führet der Witwen Sache!"* (Jesaja 1)
Gott will keine Opfer, sondern ein erneuertes Leben.

Doch die Geschichte Gottes geht noch weiter. Weil alle Opfer der Menschen nicht ausreichen, um den Riss zwischen Gott und Mensch zu heilen, gibt er sich selbst zum Opfer. Jesus, der ewige Gottessohn, bringt dieses Selbstopfer in seinem Tod am Kreuz. Er geht in den Tod, damit wir leben können. Dieses Opfer steht im Zentrum der Weltgeschichte. Hier gibt sich der Schöpfer selbst für sein Geschöpf – aus Liebe. Wer das begreift, kann nun wirklich anders leben – ein erneuertes Leben aus Dankbarkeit für Jesus.

P Prophetie

Wer die Bibel verstehen will, besser noch, wer die biblische Schau der Weltgeschichte begreifen will, der kommt an diesem Thema nicht vorbei: Prophetie. Im Alten Testament finden sich neben den fünf Büchern Moses und den Weisheitsschriften die prophetischen Bücher. Sie machen den größten Teil aus. Das kommt nicht von ungefähr. Die Propheten sind ganz wesentlich für Gottes Handeln mit dem Volk Israel und mit allen Völkern der Welt. Sie bringen Botschaften Gottes, manchmal ganz direkt zu einem einzelnen Menschen, manchmal aber auch zu ganzen Völkern und Geschichtsepochen. Die Namen mancher der „großen" Propheten sind uns bekannt: Jesaja, Jeremia, Amos, Micha. Manche der „kleinen" Propheten vielleicht auch noch: Obadja, Nahum, Zephanja, Maleachi. Groß oder klein – das bezieht sich eigentlich nur auf die Länge ihrer Bücher im Alten Testament. Denn jeder von ihnen war ein Sprachrohr Gottes mit einer wichtigen Botschaft. Zusätzlich begegnen uns in den geschichtlichen Büchern weitere Propheten wie Nathan, der den großen König David mit seiner Schuld konfrontierte, oder Elia, der das Volk Israel in einer Zeit der Religionsvermischung und Abgötterei zurückrief zum einen, wahren und lebendigen Gott. Deshalb werden in der hebräischen Bibel auch die Geschichtsbücher zu den prophetischen Büchern gezählt. Doch nicht nur zu Israel wurden Propheten gesandt. Jona zum Beispiel bekam den Auftrag, in Niniveh, der Hauptstadt der Weltmacht Assyrien, die Menschen zur Umkehr aufzurufen.

So hatten die Propheten einen ganz entscheidenden Platz in der Geschichte. Doch was genau ist eigentlich Prophetie? Die Bibel macht deutlich, dass es sich hier nicht um Wahrsagerei oder Ähnliches handelt. Sie unterscheidet zwischen wahren und falschen Propheten. Propheten sind von Gott gerufene Menschen, die in seinem Auftrag vor falschen Wegen warnen, die Gottes Gericht androhen und seine Gnade verkündigen. Sie halten Gottes Maßstäbe hoch, wie Recht, Gerechtigkeit und Wahrheit, sie sprechen gegen Unterdrückung der Armen und Götzendienst. Prophetie in der Bibel ist mehr als nur Voraussage der Zukunft. Prophetie bedeutet, Gottes Wort zu den Menschen zu bringen, konkret, zugespitzt und mit der Notwendigkeit, sich zu entscheiden, hier und jetzt. Doch noch eins kennzeichnet die Propheten im Alten Testament. Ihre Botschaft ist nach vorn offen. Sie ist noch nicht abgeschlossen. Die Propheten sprechen von Gottes guten Zielen mit der ganzen Welt und weisen hin auf den Messias, der kommen und Gottes Frieden, sein Heil und seine Erlösung bringen wird. So ist die Prophetie wie ein Doppelpunkt. Wie ein Satz, der noch nicht zu Ende gesprochen ist oder ein Roman, der noch nicht zu Ende gelesen ist. Ihre Erfüllung findet die biblische Prophetie in Jesus Christus. Er ist das Zentrum der Weltgeschichte Gottes. Wer sich mit ihm verbindet, dessen Lebensgeschichte wird eingewoben in die wunderbare Geschichte Gottes mit der Welt.

„Ihre Erfüllung findet die biblische Prophetie in Jesus Christus.

In den Ländern des Nahen Ostens ist Wasser eine Kostbarkeit.

In den langen Dürreperioden zwischen den Regenzeiten ist es wichtig, die Stellen zu kennen, an denen das lebenserhaltende Wasser zu finden ist. Diese Erfahrung wird in der Bibel immer wieder als Bild für unser Leben angewandt. Besonders die Psalmen, die Gebete und Lieder der Bibel, sprechen in ihrer bildhaften Sprache von dem Weg, den ein Mensch zurücklegen muss, und den Quellen, die er auf diesem Weg finden muss, um weiterzukommen: „Wenn sie durch das Dürre Tal wandern, so wird es für sie zu einem Ort der Quellen." (Psalm 84) Der Dichter von Psalm 87 drückt es so aus: „Alle meine Quellen sind in dir."

Was sind diese Quellen für unser geistliches Leben? Was sind sie ganz praktisch? Wie können wir als Christen auf unserem Weg weiterkommen, ohne zu verdursten? Aus welchen Quellen können wir schöpfen? Ich möchte vier solcher Versorgungsstationen nennen, die lebensnotwendig sind.

Zuerst: Gottes Wort. Die Bibel ist eine Schatzkammer voller guter Worte. Hier hören wir Gottes Stimme. Wir erfahren, was uns gut tut und weiterbringt. In der Bibel lernen wir mehr über Jesus Christus. Wir erfahren, welche guten Pläne Gott für diese Welt hat und wie wir daran Anteil haben können. Aus der Bibel können wir zu allen Zeiten unseres Lebens neue Kraft schöpfen. Sie hilft uns, den Durchblick zu bewahren.

Die zweite Quelle ist das Gebet. Beten ist das ganz persönliche Gespräch mit Gott. Beten hat zwei Teile: Reden und Hören. Im Gebet kommunizieren wir mit Gott, unserem Vater, unserem Schöpfer, unserem Erlöser, unserem Freund, unserem Herrn. Gebet ist wie ein immer neues Schöpfen von Kraft und Freude aus dem unermesslichen Reichtum Gottes.

Drittens: Gemeinschaft. Keiner muss als Christ allein stehen. Wir sind in eine Gemeinschaft gestellt, eine Familie von Schwestern und Brüdern. Wir können und sollen einander helfen, einander unterstützen, füreinander einstehen, ganz praktisch, und füreinander beten. Die Gemeinschaft der Christen ist eine Quelle der Kraft gerade dann, wenn unsere eigene Kraft allein nicht ausreicht.

Und viertens: Gottes Geist. Der Geist Gottes ist die größte Kraftquelle überhaupt. Gott, der diese Welt in die Existenz gebracht hat, gibt seine schöpferische Kraft, seinen Geist, in die Herzen derer, die an ihn glauben und ihn darum bitten.

Diese Quellen zu entdecken und aus ihnen zu schöpfen, ist lebensnotwendig, wenn wir als Christen leben wollen. Dadurch kommt Gott uns nahe. Dadurch bleiben wir im Kontakt mit ihm. Christen sind keine Selbstversorger, die aus eigner Kraft und Anstrengung leben. Christen leben von der Versorgung durch die Quellen, die Gott ihnen eröffnet.

„Diese Quellen zu entdecken und aus ihnen zu schöpfen, ist lebensnotwendig, wenn wir als Christen leben wollen.

R Rechtfertigung

Rechtfertigung – dieses Wort, das auf den ersten Blick wenig konkret erscheint, entpuppt sich bei genauerem Hinsehen als ein ganz wichtiger Begriff. Die Frage nach Gerechtigkeit bewegt die Menschheit seit jeher. Wir empfinden jede Art von Ungerechtigkeit sehr schmerzlich und sehnen uns nach einer Welt, in der Gerechtigkeit herrscht. Auch in der Bibel ist dies ein wichtiges Thema. Was ist gerecht und was nicht? Wie kann ein Mensch gerecht handeln? Und wie können wir vor Gott gerecht werden?

Denn das ist die andere Tatsache: Obwohl wir ein feines Empfinden für Recht und Unrecht haben, obwohl wir bei anderen falsches und ungerechtes Verhalten schnell erkennen und verurteilen, tun wir häufig selbst genau das, was wir bei ihnen ablehnen. Wir wollen richtig handeln, ertappen uns jedoch dabei, dass wir genau das Recht, das wir einfordern, selbst brechen.

Die Bibel spricht an vielen Stellen davon, dass wir als Menschen dazu gerufen sind, gerecht zu leben: „Es ist dir gesagt; Mensch, was gut ist, und was der Herr von dir fordert: nämlich Gottes Wort halten und Liebe üben und demütig sein vor deinem Gott." (Micha 6,8) Doch obwohl wir mit unserem Kopf Gottes Gebote bejahen, brechen wir sie selbst, in unseren Gedanken, Worten und Werken. Diesen Widerspruch, dass wir Gerechtigkeit bejahen, aber doch selbst häufig ungerecht handeln, deckt die Bibel schonungslos auf: „Darum, o Mensch, kannst du dich nicht entschuldigen, wer du auch bist, der du richtest. Denn worin du den andern richtest, verdammst du dich selbst, weil du genau dasselbe tust, was du richtest." (Römer 2,1-2)

Wir sind in einem Dilemma gefangen. Unser eigenes Gewissen verurteilt uns, denn wir tun genau das, von dem wir in der Tiefe unseres Herzens überzeugt sind, dass es falsch ist. Genau hier setzt die Botschaft der Bibel ein. Sie zeigt, dass Gottes Maßstab unveränderlich besteht. Gott ist gerecht, und seine Gerechtigkeit ist dieser Maßstab.

Die Bibel zeigt auch, dass kein Mensch aus eigener Kraft ganz und gar gerecht lebt. Dies müsste eigentlich zur Verzweiflung führen, denn das Gute, das wir bejahen, tun wir nicht. Jedoch besteht auch die Gefahr, dass diese Einsicht uns zur Abstumpfung und zur Selbstentschuldigung führt. Doch zeigt die Bibel einen anderen Weg aus dieser Sackgasse heraus. Gott hat selbst alle Gerechtigkeit erfüllt. In Jesus Christus nimmt er, der Richter, die Rolle des Schuldigen ein. Am Kreuz nimmt er die Verfehlungen der ganzen Welt auf sich und spricht uns so frei. Anders ausgedrückt: Gott rechtfertigt uns in Jesus, er spricht uns gerecht. So wird neues, verändertes Leben möglich. Rechtfertigung, dieses Wort drückt in ganz komprimierter Form dieses ungeheure Geschehen aus: In Jesus trägt Gott selbst unsere Schuld. Er, der Gerechte, wird zum Schuldigen, damit wir Sünder durch ihn gerecht werden. Das ist das Geschenk der Rechtfertigung. Die Folge davon sollte nicht Gleichgültigkeit sein, sondern ein neues, gerechtes Leben aus Dankbarkeit.

S Schuld

„Und vergib uns unsere Schuld, wie auch wir vergeben denen, die an uns schuldig geworden sind!“ Dieser Satz hat es in sich. Er ist Teil des Gebets, das Jesus seinen Nachfolgern als Mustergebet gab. So sollten sie beten. Beten um die Vergebung von Schuld.

Es ist ein hässliches Wort. Keiner hört es gern. Und dennoch sprechen wir andauernd davon: Von der Schuld. Dabei gibt es einen kleinen, aber feinen Unterschied. Wenn es darum geht, Missstände, Fehlverhalten oder Schuld bei anderen zu benennen, sind wir schnell dabei. Wenn es aber darum geht, selbst Schuld zuzugeben, tun wir uns meist unendlich schwer. Dass das ein Widerspruch in sich ist, fällt nur selten auf.

Die Bibel hat keine Scheu, Schuld beim Namen zu nennen. Sie redet nicht um den heißen Brei herum. Sie macht keinen Unterschied. Die Schuld der Großen wie der Kleinen wird schonungslos aufdeckt. Als David, der große König, einen Ehebruch beging, den er dann noch mit hinterhältigem Mord zu vertuschen versuchte, konfrontierte ihn der Prophet Nathan im Namen Gottes: „Du bist der Mann!“ Die wahre Größe Davids zeigte sich in seiner Antwort, in der er seine Schuld eingestand und um Gottes Vergebung bat.

Dass es Schuld gibt, das ist die Grundvoraussetzung der Bibel. Das ist auch die Erfahrung der Menschheit insgesamt. In allen Religionen hofft man darauf, auf irgendeine Weise Schuld wieder gut zu machen. Im Islam bleibt die Unsicherheit, ob Gott vergibt, denn er lässt sich nicht festnageln. Im Hinduismus glaubt man, durch immer neue Wiedergeburten das schlechte Karma, also die angesammelte Schuld, abarbeiten zu können. Die griechischen Dramen stellen das Leben der Menschen als zwangsläufiges Schuldigwerden dar. So leuchtet das ganz Besondere, das ganz Neue der biblischen Botschaft auf. Nicht dass wir schuldig werden, ist der Inhalt der guten Botschaft. Sondern dass es Vergebung der Schuld gibt!

Das ist das Zentrum des Evangeliums. Hier gibt es keine Unsicherheit mehr, seit Jesus Christus die Schuld der Welt auf sich genommen hat. Seitdem gilt, was Paulus einmal unvergleichlich ausgedrückt hat: „Wo die Sünde mächtig geworden ist, da ist die Gnade noch viel mächtiger geworden." (Römerbrief 5,20)

Doch die Größe der Gnade erkennen wir nur, wenn wir uns auch unserer Schuld stellen. Deshalb gehört zum Christsein notwendig die Anerkenntnis von Schuldigsein und die Erkenntnis unserer Sünde. Und es gehört dazu, dass wir nicht nur Vergebung für uns selbst erbitten, sondern auch bereit sind, denen von Herzen zu vergeben, die an uns schuldig geworden sind.

T Treue

Auch wenn es oberflächlich anders zu sein scheint: In unserer Gesellschaft ist Treue einer der höchsten Werte. In einer Zeit, in der immer mehr Beziehungen zerbrechen, besteht eine große Sehnsucht nach Beständigkeit. Gibt es jemand, der zu mir steht, auch wenn andere sich abwenden? Und der mich annimmt, auch mit den dunklen Seiten meines Lebens, mit meinem Versagen, meiner Schwäche, meiner Unansehnlichkeit? Die Hoffnung, dass jemand treu zu uns steht, ist tief in uns verankert. Doch gleichzeitig merken wir, dass die menschliche Fähigkeit und Entschiedenheit, anderen treu zu sein, beschränkt ist.

Die Bibel beschreibt Gott als den treuen Gott. Er ist der ewige Fels, unveränderlich in seiner Treue. Er bleibt sich selbst treu in seinen Worten und Taten, in seinem Wollen und Wesen. Gott kann nicht anders als treu sein, weil er sich selbst nicht verleugnen kann. Das bedeutet, dass wir uns immer und ohne jeden Zweifel auf Gott verlassen können. Gott ist treu. Das gibt unserem Leben einen festen Grund.

Auch unsere eigene Untreue kann daran nichts ändern. Denn das ist eine Tatsache: Wir handeln oft gegen das, was wir selbst für wahr und richtig erkannt haben. Auch als Menschen, die Gott vertrauen wollen, als Christen, die Jesus Christus nachfolgen und ihr Leben nach seinen Worten gestalten wollen, sind wir nicht davor gefeit. Immer wieder fallen wir in unsere alten Lebensmuster, entscheiden uns für den falschen Weg und handeln gegen besseres Wissen. Der Apostel Paulus hat diesen Konflikt zwischen dem, was wir als richtig erkannt haben und leben wollen, und unseren tatsächlichen Gedanken, Worten und Taten, so ausgedrückt:

„Denn ich weiß nicht, was ich tue. Denn ich tue nicht, was ich will; sondern was ich hasse, das tue ich ... Wollen habe ich wohl, aber das Gute vollbringen kann ich nicht. Denn das Gute, das ich will, das tue ich nicht; sondern das Böse, das ich nicht will, das tue ich." (Römerbrief 7,15-19)

Die gute Nachricht ist, dass Gottes Treue unabhängig von unserem Verhalten feststeht. „Sind wir untreu, so ist er doch treu, denn er kann sich selbst nicht verleugnen." (2. Timotheusbrief 2,13)

Gottes Treue ist die große Grundtatsache, die die Welt und unser persönliches Leben zusammenhält. Gott ist treu in seiner Schöpfung und treu in seiner Erlösung. Das Kreuz von Jesus ist das Treuezeichen Gottes, das mitten in die Weltgeschichte hineingerammt ist. Die Nägel, die seine Hände und Füße durchbohrt haben, zeigen: In Jesus lässt Gott sich auf seine Liebe festnageln.

„Die Hoffnung, dass jemand treu zu uns steht, ist tief in uns verankert.

U Umkehr

„Kehrt um, denn das Reich der Himmel ist nahe herbeigekommen!" (Matthäus 4,17) So lautete der Ruf, mit dem Jesus seine Zeitgenossen konfrontierte. Das war der Kern seiner Botschaft. Umkehr ist also ein ganz zentrales Wort für das Leben eines Christen. Oder noch genauer: Es ist ein Grundwort. Denn erst durch die Umkehr zu Gott wird ein Mensch überhaupt zum Christen.

Die deutsche Sprache hat eine Reihe von verschiedenen Worten für dieses biblische Grundwort: Buße, Bekehrung, Sinnesänderung. Auf Griechisch heißt es „metanoia", wörtlich übersetzt „Umsinnung". Es geht also um ein neues Denken, und folgerichtig auch ein neues Handeln. Eine neue Richtung des Lebens, die alles umfasst. Eine Umwertung aller Werte, eine Neuordnung von Prioritäten, ein ganz neuer Blick auf die Wirklichkeit.

Umkehr, Bekehrung, Buße – sind also nichts Negatives, Trauriges, Niederdrückendes. Ganz im Gegenteil. Umkehr ist etwas ganz Positives, Heilsames, Freude und Hoffnung Bringendes. Es geht um die Abkehr von dem, was zerstört und das Leben gefährdet hin zu dem, was unser Leben erst richtig aufblühen lässt: Gottes guter Plan und Wille. Leider hat durch eine sprachliche Bedeutungsverschiebung das Wort „Buße", das die Lutherbibel hier verwendet, einen negativen Beigeschmack bekommen. Doch „Buße" ist keine Strafe, die einem Menschen gegen seinen Willen auferlegt wird, sondern diese Lebensumkehr ist stattdessen die Tür zu einem erfüllten Leben. Dieses Verständnis müssen wir wiedergewinnen, wenn wir im Sinn von Jesus von Umkehr sprechen wollen. Das zeigt auch die Begründung, die Jesus gibt: Gottes gute Herrschaft ist nahe herbeigekommen. Die Zeit, in der Blinde sehen und Lahme gehen, die Zeit, in der zerbrochene Herzen geheilt und niedergedrückte Menschen aufgerichtet werden. Die Zeit, in der Gott seine Gnade und Vergebung allen schenken will. Weil diese neue Zeit da ist, ist auch neues Leben möglich. Stellt euch darauf ein! So lädt Jesus seine Zuhörer ein. Und er macht deutlich, dass Gottes Herrschaft nichts Theoretisches oder Abgehobenes ist, sondern wirklich anbricht. Weil er, Jesus, selbst der von Gott eingesetzte König der neuen Welt ist. Der Friedefürst, auf den die Völker hoffen.

Versöhnung gehört zum Urgestein der Geschichte Gottes mit uns Menschen. Und dennoch wird dieses Grundwort leicht vernachlässigt. Vielleicht liegt es daran, dass die Sache, um die es geht, gar nicht so leicht umzusetzen ist. Versöhnung hat nämlich immer zwei Seiten, und beide sind grundlegend für den biblischen Glauben. Die eine Seite betrifft unsere Beziehung zu Gott, die andere unsere Beziehungen untereinander. Um zu verstehen, wie zentral Versöhnung ist, müssen wir tief in die biblische Geschichte schauen. Am Anfang schuf Gott den Menschen als sein freies Gegenüber. Die Beziehung war ungetrübt, die Menschheit lebte im Einklang mit ihrem Schöpfer. Doch dann kam eine Störung, die alles veränderte. Wir Menschen entschieden uns, aus der engen Beziehung zu Gott herauszutreten und seinen Worten zu misstrauen. So entstand eine Kluft zwischen den Geschöpfen und ihrem Schöpfer, die weit reichende Folgen hatte. Die Menschen wurden von Gott entfremdet, dem Ursprung des Lebens. Auch zwischen den Menschen tat sich diese Kluft auf. Misstrauen, Missverständnisse, Streit, Hass, Furcht voreinander und Kampf gegeneinander beherrschen seitdem unsere Wirklichkeit.

Doch von Anfang an bereitete Gott einen Weg, um die Trennung zu überwinden und die Kluft zu überbrücken. Die Bibel erzählt diesen Weg Gottes zu den Menschen. Gott ließ uns nicht allein, sondern sandte immer neu sein Wort und seine Hilfe. Sein Ziel war, die Menschen mit sich selbst zu versöhnen. Das hebräische Wort für „Versöhnung" im Alten Testament und das griechische Wort im Neuen Testament zeigen die zwei Aspekte dieses Wegs der Heilung: Bedecken der Schuld und die Wiederverknüpfung der unterbrochenen Verbindung. Beides geschieht durch Jesus Christus, der unsere Schuld stellvertretend trug und als Mittler zwischen Gott und uns selbst zum Weg der Erlösung wurde. Das drückt die Bibel unübertrefflich aus: „Gott war in Christus und versöhnte die Welt mit sich selbst." (2. Kor. 5,19)

Aus dieser Versöhnung mit Gott kann und soll die Versöhnung untereinander wachsen. Christen sind Menschen, die annehmen, dass Gott sie mit sich versöhnt. Und die dann auch anfangen, mit anderen den Weg der Versöhnung zu gehen.

W Wunder

Was sind Wunder? Gibt es sie überhaupt? Sind es einfach nur Ereignisse, die die Wissenschaft noch nicht erklären kann, die aber einen ganz natürlichen Hintergrund haben? Sind Wunder real oder nur Einbildung?

Viele Menschen sehnen sich nach einem Wunder. Gerade dann, wenn sie an Grenzen stoßen, die sie nicht überwinden können. Bei Krankheiten und Bedrohung, in aussichtslosen Situationen und Versagen entsteht immer wieder diese Sehnsucht nach einem Wunder. Nach dem Eingreifen einer höheren Macht, nach einer wunderbaren Heilung oder der Rettung aus großer Gefahr. Hier hilft nur noch ein Wunder! – so sagen wir manchmal. Und dieses Wunder erhoffen wir.
In der Bibel werden immer wieder Wunder berichtet. Die Befreiung des Volkes Israel aus der Versklavung in Ägypten ist ein Beispiel dafür. Viele andere wunderbare Taten Gottes finden sich auf den Seiten der Heiligen Schrift. Sie zeigen Gottes Wirklichkeit und Allmacht, seine Größe, Anteilnahme und Liebe. Auch Jesus vollbringt immer wieder solche Wunder: Heilungen, Befreiung von negativen Mächten, die das Leben zerstören, und auch die Überwindung der Naturgesetze, so wie bei der Stillung des Sturmes und der Brotvermehrung.

Und doch geht es dabei nicht so sehr um das Außergewöhnliche, um die Wunder an sich. Nein, sie sollen eigentlich nur eins zeigen: Wer Jesus wirklich ist. Dass in ihm der wahre Gott ganz nah gekommen ist, Gott in seiner Allmacht und seiner Liebe. Deshalb nennt das Neue Testament die Wunder auch „Zeichen". Denn sie zeigen etwas über den, der solche machtvollen Taten tun kann.

Die Wunder in der Bibel weisen über sich selbst hinaus auf den, der alle Macht in den Händen hält. Darum werden sie auch so nüchtern und knapp berichtet, ohne Sensationshascherei und Showeffekte. Deshalb diskutiert die Bibel auch nicht die Frage, ob es Wunder geben kann. Sie sind selbstverständlich. Für Gott sind Wunder kein Problem. Das eigentliche Wunder ist, dass Gott – scheinbar – so wenige Wunder tut. Vielleicht hängt das mit unserem Kleinglauben zusammen und damit, dass er uns nicht zum Glauben zwingen will. Und sicher auch damit, dass wir viele Wunder einfach übersehen.

X Christos

Unser X ist eigentlich das griechische Zeichen für CH. In vielen alten Kirchen sieht man es, und auch in den Katakomben in Rom und auf Scherben im Orient. Durch seine Kreuzform eignete es sich besonders als Geheimzeichen für die Christen, an dem sie einander erkennen konnten. Die beiden griechischen Zeichen XP ergeben zusammen den Anfang des Wortes Christus. So steht das X bei uns im Alphabet des Glaubens für Christus.

Christos ist die griechische Übersetzung des hebräischen Wortes „Maschiach". Und Maschiach wiederum wird im Neuen Testament, das in griechischer Sprache verfasst ist, als Messias wiedergegeben. Messias, Maschiach, Christos, Christus – alle Worte meinen ein und dasselbe: der Gesalbte.

Jesus Christus heißt also nichts anderes als Jesus, der Gesalbte. Dass dieser Titel von Jesus so sehr zum Bestandteil seines Namens wurde, zeigt, wie wichtig er für die ersten Nachfolger von Jesus war. Jesus aus Nazareth ist der Christus, der Messias, so lautete das Bekenntnis der frühen Christen. Dafür waren sie bereit, in den Tod zu gehen.

Was das bedeutet, verstehen wir vor dem Hintergrund des Alten Testaments. Durch die Salbung, also das Übergießen mit Öl, wurden bestimmte Menschen zu einer besonderen Aufgabe berufen. So wurde der oberste Priester im Tempel am Anfang seines Dienstes gesalbt. Auch die Könige Israels wurden so eingesetzt. Der große Prophet Samuel übergießt den jungen Saul mit Öl und beruft ihn zum ersten König Israels mit den Worten: „Der Geist des Herrn wird auf dich kommen, und du wirst ein neuer Mensch werden!"

So zeigt die Salbung die besondere Beziehung des Gesalbten zu Gott und seine Aufgabe. Der „Gesalbte" – dieser Ausdruck wurde im Lauf der Zeit gleichbedeutend mit „König, der von Gott gesandt und bevollmächtigt ist."

Jesus Christus – Jesus der Gesalbte, heißt also: Jesus ist der von Gott eingesetzte König. Und zwar nicht nur der König der Juden, wie in der Überschrift am Kreuz stand, sondern der König der ganzen Welt. „Christus" ist also der Herrschaftstitel von Jesus. Ob wir ihn auch zum König unseres Lebens machen, ist die Frage, die jeder selbst entscheiden muss.

Y Ysop

Was ist Ysop? Vielleicht fragt sich das mancher. Ysop ist ein einheimisches Gewächs im Vorderen Orient. Das wohlriechende Kraut wurde zur Reinigung verwendet. In der Bibel finden wir es insgesamt zwölf Mal. Verglichen mit Begriffen, die viele hunderte Male erscheinen wie Glaube, Sünde, Gnade und Gebet, ist es also kein sehr wichtiges Wort. Warum steht es also hier im „ABC des Glaubens"?

Die Antwort ist einfach: Erstens brauchen wir im Alphabet ein Wort mit Y. Und zweitens soll Ysop hier für die unzähligen Wörter stehen, die zusammen den Reichtum des biblischen Umfeldes ausmachen. Wer anfängt, sich damit zu beschäftigen, der merkt, dass es noch viel zu entdecken gibt. Das ABC des Glaubens ist nur ein erster Anfang. Wir sollten nicht stehen bleiben, sondern immer mehr eintauchen in die Vielfalt des Handelns Gottes mitten in unserer begrenzten Welt. Die kleine Pflanze Ysop erinnert uns daran, dass es viele Einzelheiten und Zusammenhänge gibt, die uns helfen, Gottes Wirken noch besser zu verstehen. Sie lehrt uns, genau hinzusehen, und offen und lernbereit zu sein.

Und schließlich erscheint dieses unscheinbare Gewächs immer wieder an entscheidenden Punkten der Bibel. Beim Auszug aus Ägypten sollten die Israeliten einen Büschel Ysop nehmen, ihn in das Blut des Passahlamms tauchen und an die Türpfosten streichen, als Zeichen für die vergebende Gnade Gottes (2. Mose 12,22). Auch bei den Opfern im Tempel spielte Ysop eine wichtige Rolle (3. Mose 14,49-52; 4. Mose 19,6, vgl. Hebräer 9,19). König Salomo schrieb in den Weisheitsbüchern über die Eigenschaften von Ysop (1. Könige 5,13).

König David betet in seinem Bußpsalm, in dem er seinen Ehebruch und Mord bekennt: „Entsündige mich mit Ysop, dass ich rein werde; wasche mich, dass ich schneeweiß werde." (Psalm 51,19) Selbst bei der Kreuzigung von Jesus begegnen wir dieser Pflanze: Johannes beschreibt die Szene, wenige Augenblicke vor seinem Tod: „Da stand ein Gefäß voll Essig. Sie aber füllten einen Schwamm mit Essig und steckten ihn auf ein Ysoprohr und hielten es ihm an den Mund." (Johannes 19,9) So führt uns das Ysop zum Kern der Geschichte Gottes, zum Kreuz.

Z Zukunft

Was die Zukunft bringt, beschäftigt die Menschen seit eh und je. Astrologen und Wahrsager stehen hoch im Kurs. Denn sie geben – scheinbar – Antwort auf die dringenden Fragen: Was wird aus mir? Werde ich krank werden oder ein anderes Unglück erleben? Werde ich ein langes Leben haben? Was wird aus meiner Familie? Diese und viele andere Fragen treiben die Menschen um. Und das treibt sie in die Hände der Scharlatane und falschen Propheten.

Dabei wissen wir ganz tief in unseren Herzen, dass weder Karten noch Kaffeesatz, weder Sterne noch Schwingungen die Frage nach der Zukunft zuverlässig beantworten können. Das kann nur der, der Vergangenheit, Gegenwart und Zukunft selbst in den Händen hält. Der Herr der Geschichte, der Schöpfer der Welt. Gott selbst.

Doch anders als die selbsternannten Zukunftsdeuter offenbart er uns keinen genauen Lebensfahrplan, der ein für alle Mal fest gelegt ist. Was er uns anbietet, ist viel besser und viel mehr: Er lädt uns ein, seine Hand zu ergreifen und das Leben in der Gemeinschaft mit ihm zu meistern. Er verspricht uns, alle Tage bei uns zu sein, bis an das Ende der Welt. Diese Zusage ist mehr wert als alle noch so genauen Prognosen. Denn seine Gegenwart reicht weit über dieses Leben hinaus bis in die Ewigkeiten und zukünftigen Welten hinein. Seit Jesus Christus am Ostertag auferstand und so den Tod von innen her überwunden hat, kann niemand und nichts uns den Weg in die Zukunft mehr verwehren.

Wir brauchen also nicht die Zukunft zu kennen. Das würde uns auch nicht nützen, sondern nur schaden. Denn dieses Wissen würde uns lähmen und untätig machen. In Wahrheit jedoch adelt uns Gott so sehr, dass er uns mit hinein nimmt in die Gestaltung der Zukunft. Was wir tun und lassen, hat Bedeutung. Wir arbeiten mit an der Gestalt der zukünftigen Welt. Über unserem ganzen Leben und Handeln steht die Zusage des Gottes, der uns zuspricht: „Ich will euch Zukunft und Hoffnung geben!" (Jeremia 29,11) Am Ende bleibt der, der zu uns sagen kann: „Fürchte dich nicht, ich bin der Erste und der Letzte und der Lebendige. Denn siehe, ich war tot und ich lebe, und ich habe die Schlüssel des Todes und des Totenreiches." (Offenbarung 1,17-18)